Mark Sarg

Der Papst als Kaiserschmarren

Mark Sarg

Der Papst als Kaiserschmarren

Bizarre Kurzgeschichten

Goldene Rakete Verlag für Belletristik

Imprint

Any brand names and product names mentioned in this book are subject to trademark, brand or patent protection and are trademarks or registered trademarks of their respective holders. The use of brand names, product names, common names, trade names, product descriptions etc. even without a particular marking in this work is in no way to be construed to mean that such names may be regarded as unrestricted in respect of trademark and brand protection legislation and could thus be used by anyone.

Cover image: www.ingimage.com

Publisher:
Goldene Rakete Verlag für Belletristik
is a trademark of
International Book Market Service Ltd., member of OmniScriptum Publishing Group
17 Meldrum Street, Beau Bassin 71504, Mauritius

Printed at: see last page
ISBN: 978-620-2-44500-9

INHALTSVERZEICHNIS

DER SEGEN EINER PARLAMENTSDEBATTE

Ein robustes Geschöpf fuhr sich selbst mit einer Kutsche über den Schädel und überlebte. Danach verwendete es eine Dampfwalze für denselben Zweck und überlebte abermals. Schließlich steckte es den Kopf noch in einen Hochofen – aber selbst ***das*** half nicht.

Mit Büßermiene pilgerte es nun ins Parlament und lauschte kurz einer Debatte.

Da endlich ***zersprang*** ihm der Schädel – und es war erlöst.

DER SIEG DER FRECHHEIT

„Frechheit siegt!“ war das Motto eines Papageis, der seiner frommen Herrin, Madame Liebgard Feldgartl, so lange völlig respekt- und gedankenlos die Bibel nachplapperte – bis er für den Rest seines Daseins ebenfalls in geistige Umnachtung fiel.

Und wieder einmal hatte die Frechheit, Pardon!, die ***Bibel*** gesiegt!

DER EFFEKTVOLLE ABGANG

Bei seiner Schlussverbeugung pflegte der weltbekannte Magier Maestro Gaudioso Leuchthirsch jeweils den Kopf abzunehmen, was den Applaus natürlich ins Unermessliche steigerte.

Eines Abends merkte er jedoch zu seiner Verlegenheit, dass er ihn gar nicht aufhatte – er musste ihn wohl in der Eile im Hotel vergessen haben. Nun wurde ihm auch klar, warum das Publikum schon von Beginn an so beifallswütig gewesen war.

Um sich dennoch einen effektvollen Abgang zu sichern, zog er rasch Gattin Odetta aus dem Hals, die er während eines Streits zum Frühstück verschlungen hatte. Und unerklärlicherweise trug jetzt ***sie*** seinen Kopf.

Da versöhnte er sich schleunigst wieder mit ihr und bezog sie auf **Dauer** in seine Darbietung ein.

DER KAVALIER DER LEICHE

Erst als Leiche fand Lady Catherine Mistvogel einen Kavalier – der selber ***keine*** Leiche ist. Weswegen er bittet, hier mit äußerster **Diskretion** behandelt zu werden.

Was man verstehen kann und daher respektieren muss.

DIE GEHEIMNISSE DER LUFT

In ihrem Bestreben, die durch falschen Umgang mit der Natur verursachten Schadstoffe in der Luft vor der Bevölkerung möglichst zu verbergen, **überboten** einander geradezu die Staaten einer fernen Epoche. Ihre Wissenschaftler mischten der Luft allerlei Duft- und „Ausgleichs-“ Stoffe bei, um ihre wahre Qualität schamlos zu verschleiern.

Und als logische Konsequenz der florierenden Konkurrenz entstand im Nu ein weiterer Wissenschaftszweig, der sich der „**Auflösung** und **Bearbeitung** der Geheimnisse der Luft“ verschrieb.

Böswillige Zungen behaupten beharrlich, dass deren Zusammensetzung seither ***noch*** geheimnisvoller ist ...

DIE GEHEIMNISSE DER ERDE

Leider ein wenig ***miss***verstanden hatte vor geraumer Zeit das Forscherteam eines fernen Sterns den Auftrag, die Geheimnisse der Erde etwas näher zu ergründen – indem es ausschließlich ***in*** dieser nach verwertbaren Hinweisen und Spuren suchte, und schließlich zum Ergebnis gelangte, dass der Planet einzig von „Leichen und anderem Ungeziefer" bewohnt sei.

Und unerklärlicherweise wurde dieser Befund auch von zahllosen **späteren** Delegationen, die längst und überwiegend sogar mit lebenden Menschen zusammengetroffen waren, bis dato nicht revidiert ...

DIE GEHEIMNISSE DES WASSERS

Nach jahrzehntelangem, fruchtlosem Bemühen gelangte Dr. Nazaräus Saufhansl zur Überzeugung, er könne die Geheimnisse des Wassers letztlich nur klären, indem er sich zur Krönung seines Lebens im Ozean **ertränke**.

Dergestalt sodann eine Zeitlang als „Unterwasserforscher" tätig, erkannte er jedoch bestürzt, seinem Ziele nicht nur kein Jota nähergekommen, sondern eher noch ***mehr*** in den Bann der Rätsel geraten zu sein.

Worauf er in seinem wissenschaftlichen Drange nicht zögerte – und sich für eine weitere Existenz „im Dienste des Wassers" entschied. Diesmal probeweise als Tintenfisch.

Sein neuestes Fazit lässt noch auf sich warten …

DIE GEHEIMNISSE DER SONNE

„Die Geheimnisse der Sonne sind so unbeschreiblich und mannigfach, dass man eigentlich erst **verglühen** muss, um sie auch nur ansatzweise auszuloten!“, resümierte der prominente Sonnenforscher Prof. Grigorowitsch Kichermaus als stolze Bilanz seines so überaus reichen und gelehrten Lebens.

Allerdings erst, **nachdem** er ihr im Zuge seiner ausgedehnten Erkundungsreisen zu nahe gekommen – und bereits verbrannt ***war*** ...

DIE GEHEIMNISSE DES MONDES

In einem „wissenschaftlichen“ Diskurs über die Geheimnisse des Mondes verstieg sich Prof. Jogi von Hinterbach, berüchtigt für seinen ausgeprägten, unbeugsamen Skeptizismus, zur Behauptung, dass jener nicht einmal ein ***einziges*** besäße. Er sei einfach wie er sei.

Worauf ihm in der folgenden Nacht der Mond, wie er war, im Traum einen Besuch abstattete – dessen Folgen allerdings ganz real bis in die Gegenwart reichen.

Denn als „Botschafter Seiner Majestät, des Mondes“ verfasst der Professor seither unermüdlich **Berichte** über dessen angeblich nicht existente Geheimnisse – die nur leider so **geheim** sind, dass sie bis heute keiner kennt …

DAS HAUS MIT DER HUPE

An Stelle einer Klingel hatte Lord Justus Greenpilz eine Autohupe bei seiner Haustür angebracht. So konnte er jedem, der **hupte**, weil er zu ihm wollte, „reinen Gewissens“ an den Kopf deuten.

Womit er ja eigentlich nicht ganz unrecht hatte ...

DAS ENTRÜSTETE GESCHÖPF

Ein entrüstetes Geschöpf ereiferte sich unentwegt über Gott und die Welt, und erntete damit allerorts größten Applaus.

Doch gerade dies entrüstete es am ***allermeisten***!

DIE VERSUCHUNGEN DES SIR DAGOBERT HÜHNERSCHWEIF

Nur zu gerne ließ sich Sir Dagobert Hühnerschweif von der **Politik** in Versuchung führen, fand Gefallen an ihr und erlebte eine „Traumkarriere“ als Spitzenpolitiker.

Nachdem er aber wegen diverser **weiterer** Versuchungen bei der Wählerschaft wieder in Ungnade gefallen war, dankte er mürrisch ab und beschloss, sich künftig lieber ausschließlich vom Teufel **persönlich** – ***ohne*** Mittelsleute – in Versuchung bringen zu lassen!

DER PAPST ALS HOCHZEITSTORTE

Um sich den Höllenaufenthalt so „angenehm“ wie möglich zu gestalten, verstand es Papst Suppennudel der Fromme immer wieder meisterhaft, durch kleinere Aufmerksamkeiten und Huldigungen das spezielle Wohlwollen seines Chefs zu ergattern.

So offerierte er sich beispielsweise zur feierlichen Vermählung des Teufels mit dessen Großmutter als Hochzeitstorte – wohl wissend, dass ihn wegen der absoluten Unverdaulichkeit ohnehin kaum jemand anrührte.

Und anderseits aber war ihm auch klar: Hätte er sich nicht auf **diese** Art zum Präsente gemacht, wäre er möglicherweise dazu verdonnert worden, als „Brautjungfer“ die Großmutter durch die halbe Hölle zu schleppen. Und da erschien ihm das gewählte Los doch bei **weitem** süßer …

DAS SÜSSE FRÄTZCHEN

Nur recht kurz vermochte ein „süßes Frätzchen“ diese Bezeichnung für sich in Anspruch zu nehmen.

Denn gleich nach der Geburt fraß es der Reihe nach Hebamme und Arzt, Mutter und Vater, und zum krönenden Dessert sich selber auf – ehe es wieder in der Hölle verschwand, aus der es lediglich hochgekommen war, um sich einer „routinemäßigen Pflichtübung“ zu unterwerfen ...

DAS SÜSSE SCHÄTZCHEN

Ein wirklich ***süßes*** Schätzchen kroch den Leuten hinten hinein – und fraß sie dann von innen auf, ehe es noch süßer wieder herauskam.

Zu ***viel*** Zucker ist eben nie gesund!

DER PAPST ALS SCHEISSE

„Der Begriff *Papst* hat etwa so viel mit Gott zu tun wie das Wort *Scheiße* mit Parfum!“ Wiewohl bis heute nur hinter vorgehaltener Hand kolportiert, besitzt der scheinbar so kühne Ausspruch des abtrünnigen Kardinals Elisotto von Mehlgack nach Meinung zahlreicher kritischer Experten nichtsdestotrotz **grundlegende Gültigkeit**.

Wobei deren – nicht genannt werden wollender – **namhaftester** Vertreter noch auf die Ergänzung Wert legt, dass er Seine Heiligkeit ***selber*** für Scheiße halte.

Spekulationen, es könne sich bei dem Betreffenden um den Teufel handeln, wären übrigens **völlig** abwegig …

DER TROST DES LEBENS (2)

„Der einzige ***Trost*** meines Lebens ist, dass ich mich jederzeit **verabschieden** kann!“ So der Wahlspruch von Monsieur Fabius Krautbarsch – der es auch wahrlich nicht leicht hatte.

Als ihm dann wirklich eines Tages das Maß voll schien, und er sich „getröstet“ hatte – stellte er freilich verblüfft fest, dass er ***weiter***lebte.

Und nun war ***dies*** ihm ein noch viel ***größerer*** Trost ...

DIE WILDE KREATUR

Eine wilde Kreatur stolperte bei ihrem täglichen Fitnesslauf und fiel auf ihren Schädel.

Seitdem ist sie **noch** wilder – und arbeitet als Missionar für den Islam.

DIE WILDE KUH

Von einer „wilden Kuh" hoch droben in den Bergen, die wie von Sinnen auf der Alm herumliefe und dabei gar nicht ***genug*** Gras fressen könne, berichteten regelmäßig die heimkehrenden Gäste einer Sommerfrische.

Nur der Ordnung halber sei hinzugefügt, dass sie hiermit die Oberstudienrätin **Lydia Gwandlaus** meinten – die sich an ihrem wohlverdienten Lebensabend endlich einmal unbeschwert austoben und satt essen wollte ...

DIE SCHÜRZENLEICHE

Wann immer es ihr möglich war, spazierte Baronin Isidora Goschlmeyer lustvoll-ungeniert in einer **Schürze** auf dem Friedhof umher.

Denn ihr halbes Leben hatte sie darunter gelitten, dass ihr aus Vorsichtsgründen das Tragen einer solchen vom Barone strikt untersagt worden war – damit er sie nicht etwa versehentlich abknallte.

Er war nämlich leidenschaftlicher Schürzenjäger.

DER AUSGLEICH

Nacht für Nacht stattete Prof. Erasmus Madenstrudel nobelsten Hotel- und Restaurantküchen einen heimlichen Besuch ab, um sich mit delikatem Proviante zu versorgen.

So gedachte er sich dafür schadlos zu halten, dass er sein Leben ganz der **Askese** verschrieben hatte – und ***dennoch*** gestorben war!

DIE JUNGE LEICHE

Überaus **liebevoll** wurde Sir Wedelknecht Saumampfer als junge Leiche von den „Altvorderen" empfangen. Freudigst umsorgten sie ihn mit zärtlicher Betulichkeit und behandelten ihn wie ein neugeborenes Kind.

Als sie ihn aber gar noch „säugen" wollten, flüchtete er schleunigst zurück ins Leben und schwor sich, getreu dem Motto: „Man stirbt nur einmal", ganz sicher kein **zweites** Mal mehr zu sterben.

Ob er sein hehres Versprechen wohl einhalten konnte?

DAS ABWEGIGE GESCHÖPF

Auf einer Studienreise kam ein abwegiges Geschöpf vom rechten Wege ab und verirrte sich mitten im tiefsten Dschungel.

Doch ***freute*** es sich in seiner Abwegigkeit nicht nur unbändig darüber – sondern warf sich obendrein noch selbst den **Krokodilen** zum Fraße vor, ehe diese es überhaupt bemerkt hatten.

„Auch der ***Ab***weg führt zum Lichte!“, jubilierte es, als es deren Verdauungstrakt passiert hatte und in verwandelter Form hinten wieder herauskam ...

GEMEINE EHELEUTE

Mr. Stuart und Mrs. Lara Streitvogel zankten sich den ganzen lieben Tag, setzten nebenbei einige ungezogene Fratzen in die Welt, und schlugen sich mehrmals im Suff **beinahe** die Schädel ein.

Dass sie dies dann letztlich, um sich die Kosten einer Scheidung zu ersparen, sogar ***ganz*** taten, war aber denn doch der **Gipfel** der Gemeinheit ...

GEHEIME EHELEUTE

Dr. Torsten Saurampfer und Gräfin Philomela Leuchtbart waren ***geheime*** Eheleute. So geheim, dass sie erst im **Jenseits** wieder zusammentrafen.

Denn da war es ihnen ***nicht*** mehr möglich, vor einander davonzulaufen ...

DIE SELBSTVERGESSENE BARONIN

Baronin Rebhilde von Freivogel war derart selbstvergessen, dass sie wahrhaftig nicht mehr wusste, was sie tat. Sie legte sich „bequem“ auf Bahngeleisen schlafen – und wunderte sich, dass sie morgens „wie gerädert“ erwachte.

Doch sich zu fragen, wieso und ***wo*** sie überhaupt wieder aufgewacht ***war*** – daran dachte sie in ihrer Selbstvergessenheit natürlich nicht ...

DIE SPIELZEUGLEICHEN

Mit einem höchst innovativen und pädagogisch überaus wertvollen „Spielzeug" bereicherte Prof. Honigzahn Drachenbart den Markt. Es handelte sich um Puppen, die den verschiedensten Verfallsstadien von **Leichen** sehr drastisch nachgebildet waren, und die sich vor allem bei Eltern als Erziehungshilfe bald allergrößter Beliebtheit erfreuten: „Wenn du nicht immer fromm und sittsam bist, wirst du einmal genauso enden wie ***die*!**"

Die abscheulichen Dinger ständig vor Augen, bangten die „Kleinen" bis ins hohe Alter unentwegt, nur ja nie zu widersprechen und sich so angepasst wie möglich zu verhalten.

Und als sie dann dennoch starben, war ihre Enttäuschung grenzenlos und jeden quälte die brennende Frage: „Was habe ich bloß falsch gemacht? – Meinen ***Eltern*** hätte ich nicht glauben dürfen, **das** war mein Fehler! Geschieht mir recht, jetzt werde ich auch so wie die!"

DIE MAGISCHE ÜBERRASCHUNG

Von seinem Onkel, dem Großmeister der Magier, Salomon Glitzerfürst, erbte Lord Calypso Milchgartl das Geheimrezept für ein Päckchen, dessen (beliebiger) Inhalt sich beim Öffnen automatisch in Luft auflöste – noch ehe der jeweils „Beschenkte“ erkennen konnte, was er da eben verlor.

Bekannt für seinen ausgeprägten Geschäftssinn, meldete der Lord hierfür umgehend Patent an und vermarktete den Artikel als „Hit der Saison“. Und er wäre sicherlich noch heute unvermindert ein Verkaufsschlager, hätte man ihn nicht auf Grund sich häufender ***miss***bräuchlicher Verwendungen von Amts wegen wieder aus dem Verkehr gezogen und strengstens verboten.

So waren etwa mehrere Leute dabei ertappt worden, wie sie Teile ihrer **Ehepartner** hineinpacken wollten ...

DER FESCHE MORD

Ein Mord war so fesch, dass sich jeder mit dem allergrößten Vergnügen von ihm ins Jenseits geleiten ließ.

Nur sein Mörder nicht. Der war nämlich noch fescher als er.

DAS MORDMOTIV

Sir Shlomo Muselhirn glaubte sein Leben lang ein Mordmotiv in sich zu spüren. Nur fand er einfach nicht heraus, **welches** und gegen **wen.**

Und so blieb gottlob wenigstens ***eine*** schreckliche Untat unbegangen.

DER HEILIGE KLODECKEL

Stets bestrebt, den Umgang mit „unheiligen“ Gegenständen, vor allem des täglichen Gebrauchs, möglichst gering zu halten oder natürlich ganz zu vermeiden, suchte Bischof Amosius Blaurüssel auch um spezielle Erleuchtung, wie denn am geeignetsten mit seinem Klodeckel zu verfahren sei, den er eben doch nicht missen mochte.

Und erkannte schließlich in einem Geistesblitz, dass er ihm durch fortwährende gnädige **Benutzung** seine eigene Heiligkeit ***übertragen*** konnte.

Und so wurde der Deckel in der Tat immer heiliger – und wird noch heute in der Reliquienkammer des Stiftes Saubrunn, der Wirkungsstätte des Geistlichen, von Gläubigen wie Ungläubigen gleichermaßen überaus **lustvoll** bestaunt und verehrt.

DAS TRISTE LEBEN

Ein äußerst ***tristes*** Leben führte Baron Florestan Wildgeburth. Ständig gebar er Kinder, die ihm, kaum dass er sie entbehrungsreich großgezogen, eines nach dem andern wieder fortliefen.

Und all dies – wo ihm doch schon die **Baronin** gleich beim ersten Kind davongelaufen war ...

DIE KUNST, SICH SELBER AUSZUSPEIEN

Überaus **mitleidsvoll** beurteilte ein hochrangiger Besucher eines fernen Sterns die Königsfamilie seines Gastlandes, die beim Staatsbankett zu seinen Ehren aus purer Protzsucht einige Untertanen zum Dessert verschlang.

Und mit Edelmut führte er ihr vor, wie man – als Ausdruck **höherer** Reife und Entwicklung – sich ***selbst*** verspeisen kann. Worauf der Herrscher, stets gierend nach Vollkommenheit, augenblicklich seinen Anweisungen folgte und es ihm gleichtat.

Nur leider hatte der gnädige Fremdling verabsäumt, ihm vorher auch noch beizubringen, wie man sich unbeschadet wieder ***ausspeit*** ...

DIE KUNST, SICH SELBER ZU VERDAUEN

Die Kunst, sich selber zu verdauen, beherrscht Baron Bouche de la Blabouche wahrlich wie kein Zweiter.

Er verdaut sich sogar mehrmals täglich, denn er ***verzehrt*** sich auch mehrmals täglich. Dazwischen pflegt er einen regenerativen Heilschlaf, aus dem er dann wieder völlig intakt und neuerlich „essfertig“ erwacht.

Doch um endlich zu erkunden, wie all dies überhaupt **möglich** ist, wird die Wissenschaft wohl noch lange Schlange bei ihm stehen – denn vor lauter Fressen, Schlafen und Verdauen fehlt dem Baron leider **jegliche** Zeit für Erklärungen.

Aber so geht es ja sicher nicht nur ***ihm*** ...

DAS VERTRAUTE GESCHÖPF

Ein vertrautes Geschöpf versteckte sich nachts in den Pantoffeln von Pfarrer Flavius Rosenkranz – und ***biss*** ihn, als er morgens hineinschlüpfte.

Voller Überschwang bedankte er sich hierfür, kniete hin und bekreuzigte sich.

Denn er hielt es für den lieben ***Gott*** – weil es ihm so vertraut war ...

DER ARROGANTE BLICK

Einem solch **arroganten** Blick begegnete Mrs. Molly Melbruster morgens auf ihrer Toilette, dass es ihr die Schamesröte ins Gesicht trieb und sie vor Verlegenheit geradezu erstarrte.

Ob er nicht die Güte hätte, den Raum zu verlassen, stammelte sie schließlich, doch wurde er statt einer Antwort nur noch unnahbarer. Und da sie sich außerstande sah, unter einem derartigen Blick ihr Geschäft zu verrichten, suchte sie Zuflucht bei der „hocherfreuten“ Nachbarin, Miss Ada Sparzwiebel.

Erst abends im Bette hörte sie dann endlich – wie **erlöst** – ihre WC-Spülung, eilte aufgeregt hinaus – und schon kam ihr mit leichtem Schritt der Blick entgegen, zu ihrer grenzenlosen Überraschung nun freudig lächelnd.

„Ja, haben Sie denn immer noch nicht kapiert?!“, wunderte er sich über ihre ratlose Miene, „Muss ich es erst ***aus***sprechen, dass ich an Obstipation leide?“

Da versicherte sie ihm ihre tiefe Anteilnahme und Empathie – und sie schieden in seliger Harmonie.

DER PAPST ALS APFELSTRUDEL

Bei einem Besuch in Wien war Papst Opulenzius der Große von einer Portion Apfelstrudel mit Schlagobers dermaßen hingerissen, dass er nicht nur auf Anhieb fünf weitere verschlang, sondern inständigst seinen Schöpfer bat, wenigstens **einen** Tag lang selber eine solche Delikatesse sein zu dürfen – welcher Wunsch ihm aus ***Erleuchtungs***gründen prompt gewährt wurde.

Begehrt und verzehrt hat ihn nämlich **trotzdem** niemand – obwohl er sich eigens mit extra viel Schlagsahne „verschönt" hatte ...

DER PAPST ALS KAISERSCHMARREN

Anlässlich eines Besuches in China ließ sich Papst Hanswurstius XXXIII. zur Begrüßung eine ganz besondere Geste der Demut einfallen: Er verwandelte sich zu Ehren des Kaisers in einen Schmarren.

Doch wie kaum anders zu erwarten, wurden weder die Chinesen noch ihr Herrscher auch nur ein Jota dadurch frommer.

Was dem Papste einmal mehr die Beschränktheit der Mittel der Kirche vor Augen führte ...

DIE GEHEIMNISSE DES LORDS

Der Geheimnisse, die sich um Lord Percy Lawrence Feuersbach ranken, sind es derart unzählig viele, dass man am besten wahllos ***eines*** nur – nicht das geringste indes – herausgreift, um nicht zu **sehr** den Überblick zu verlieren:

Er wurde nie ***geboren*** ...

DIE GEHEIMNISSE DES MORDS

Einem Morde haftete gleich eine ganze **Reihe** düsterster und mysteriösester Geheimnisse an – deren dunkelstes aber bis heute bleibt:

Wen hatte er umgebracht?

DAS FATALE ENTZÜCKEN

Wohlgemut und voller Tatendrang kehrte Marquis Henri-Joseph Windbirn abends in einer Kneipe ein. Nach dem dritten Glase entblößte er stolz sein Hinterteil, um dem erlesenen Kreis seine frisch erworbene Tätowierung zu präsentieren. Die längst im Übermaße Berauschten waren davon so beeindruckt und hingerissen, dass sie spontan beschlossen, sich gleichfalls einer Bemalung zu unterziehen.

Dies freilich stand der Eitelkeit des Marquis gründlich entgegen – und so enthüllte er zur Ablenkung rasch auch sein „Vorderteil", welches **nicht** tätowiert war.

Darüber gerieten nun aber alle in **ekstatisches** Entzücken. Und da sie auch dieses um jeden Preis „besitzen" wollten – rissen sie es ihm zu guter Letzt einfach aus.

DIE HOCHZEITSLEICHE

„Ach, wie lecker!“, schwärmten alle Gäste, die bei der Vermählungsfeier von Lord Ralph und Lady Thekla Windbeutel – beide berüchtigt für ihren grenzwertigen Humor – von der „Hochzeitsleiche“ genascht hatten.

Die von Patissier Maître Jewgeni Küchenschab dem vermuteten Aussehen der Braut dereinst auf der Totenbahre „vorempfunden“ – und natürlich aus Marzipan war.

Printed by Books on Demand GmbH, Norderstedt / Germany